AF284869

Impressum
Verlag: BABADADA GmbH, Nedderfeld 112 , 22529 Hamburg
Geschäftsführer / Verlagsleitung: Harald Hof
Druck: Books on Demand GmbH, In de Tarpen 42, 22848 Norderstedt

Imprint
Publisher: BABADADA GmbH, Nedderfeld 112 , 22529 Hamburg, Germany
Managing Director / Publishing direction: Harald Hof
Print: Books on Demand GmbH, In de Tarpen 42, 22848 Norderstedt, Germany

# اسکول

# школа

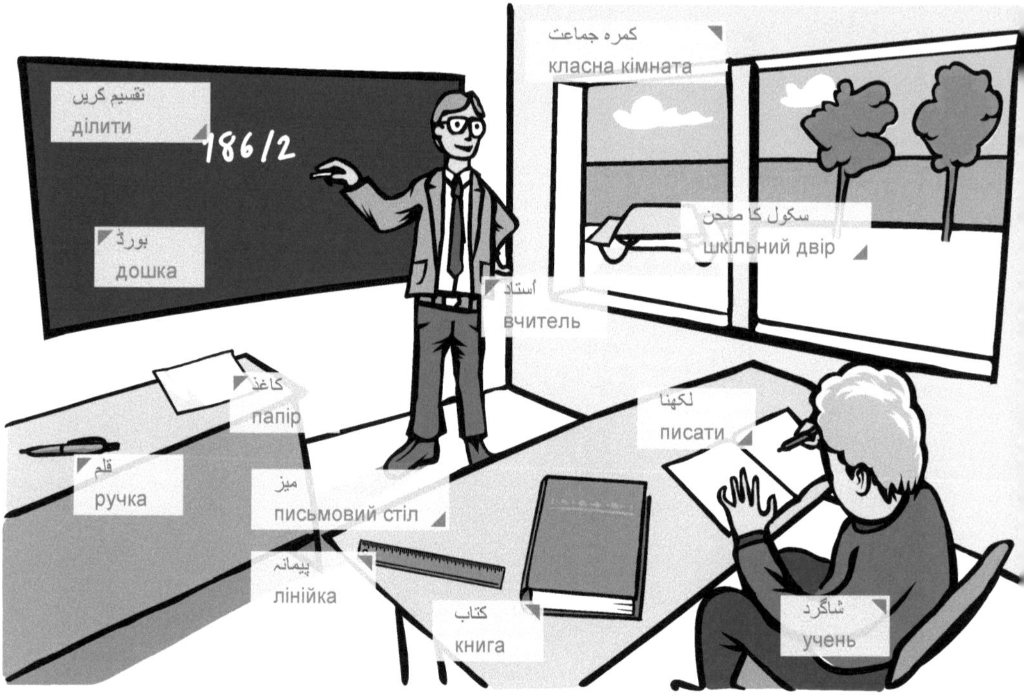

کمرہ جماعت
класна кімната
تقسیم کریں
ділити
186/2
بورڈ
дошка
سکول کا صحن
шкільний двір
اُستاد
вчитель
کاغذ
папір
لکھنا
писати
قلم
ручка
میز
письмовий стіл
پیمانہ
лінійка
کتاب
книга
شاگرد
учень


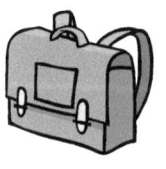

بستہ

ранець

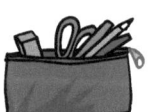

پینسل کیس

пенал

پینسل

олівець

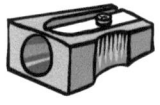

پینسل شارپنر

точило

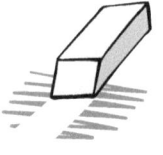

ربڑ

гумка

ڈرائنگ پیڈ

альбом для малювання

ڈّراننگ

малюнок

پینٹ برش

пензель

پینٹ باکس

коробка фарб

قینچی

ножиці

گوند

клей

مشق کی کاپی

зошит

ہوم ورک

домашнє завдання

## 12

نمبر

число

## 2+2

جمع کریں

додавати

## 5-2

منفی کریں

віднімати

## 2×2

ضرب دیں

множити

شمار کریں

рахувати

## A

خط

літера

ABCDEFG
HIJKLMN
OPQRSTU
VWXYZ

حروف تہجی

абетка

hello

لفظ

слово

متن

текст

پڑھنا

читати

چاک

крейда

سبق

година

اندراج

класний журнал

امتحان

екзамен

سند

диплом

سکول یونیفارم

шкільна форма

تَعلیم

освіта

انسائیکلوپیڈیا

лексикон

یونیورسٹی

університет

خورد بین

мікроскоп

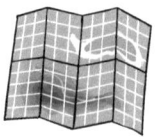

نقشہ

карта

ویسٹ پیپر باسکٹ

кошик для паперу

# подорож

ہوٹل
готель
Grand
ہاسٹل
турбаза
ROOMS
CHANGE
رقم تبدیل کرانے کیلئے دفتر
обмінний пункт
سوٹ کیس
валіза
کار
автомобіль


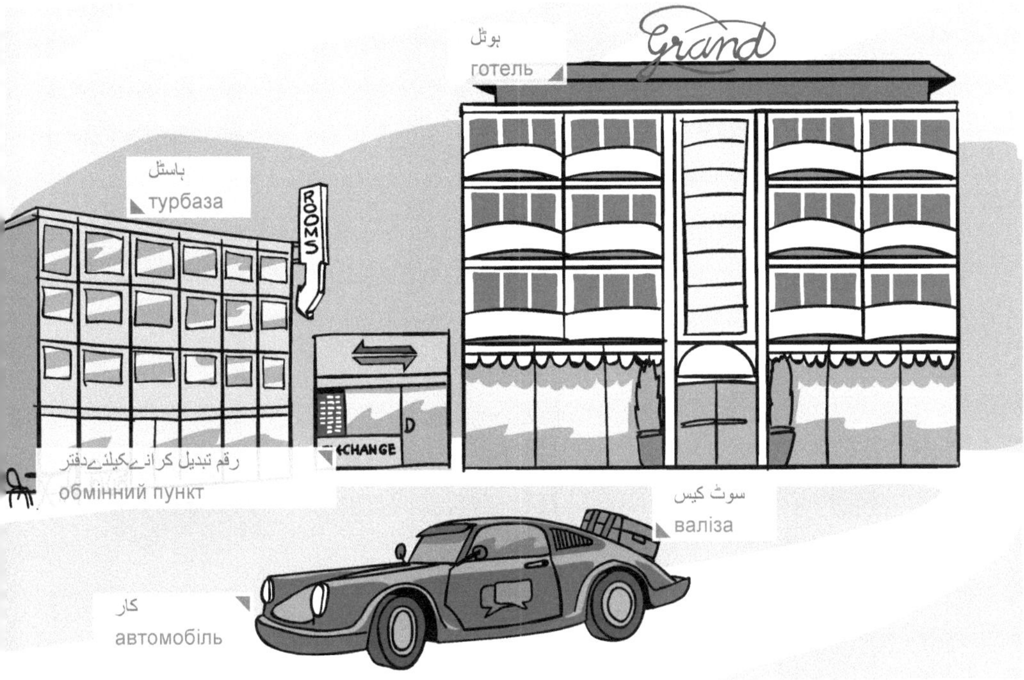

زبان

мова

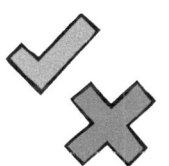

ہاں / نہیں

так / ні

ٹھیک ہے

добре

ہیلو

привіт

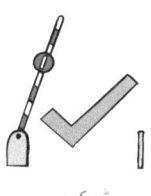

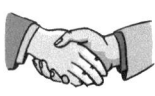

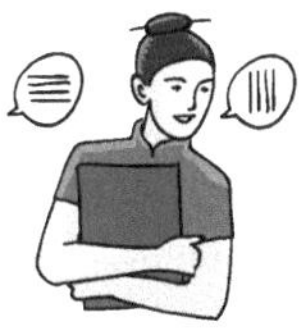

مُترجم

перекладач

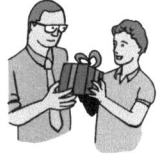

شکریہ

дякую

کی کیا قیمت ہے؟ ...

Скільки коштує ...?

میں نہیں سمجھتا

Я не розумію

مشکل

проблема

شام بخیر!

Добрий вечір!

صبح بخیر!

Доброго ранку!

شب بخیر!

На добраніч!

الوداع

До побачення

سمت

напрямок

سفری سامان

багаж

بیگ

сумка

بیگ پیک

рюкзак

مہمان

гість

کمرہ

кімната

سلیپنگ بیگ

спальний мішок

ٹینٹ

намет

سياحوں كے لئے رمعلومات

туристична інформація

ساحل

пляж

كريڈٹ كارڈ

кредитна картка

ناشتہ

сніданок

لنچ

обід

ڈنر

вечеря

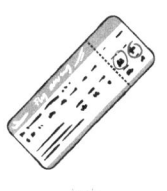

ٹکٹ

квиток

لفٹ

ліфт

ٹمبر

поштова марка

سرحد

межа

كسٹمز

митниця

سفارت خانہ

посольство

ويزا

віза

پاسپورٹ

паспорт

# نقل وحمل

# транспорт

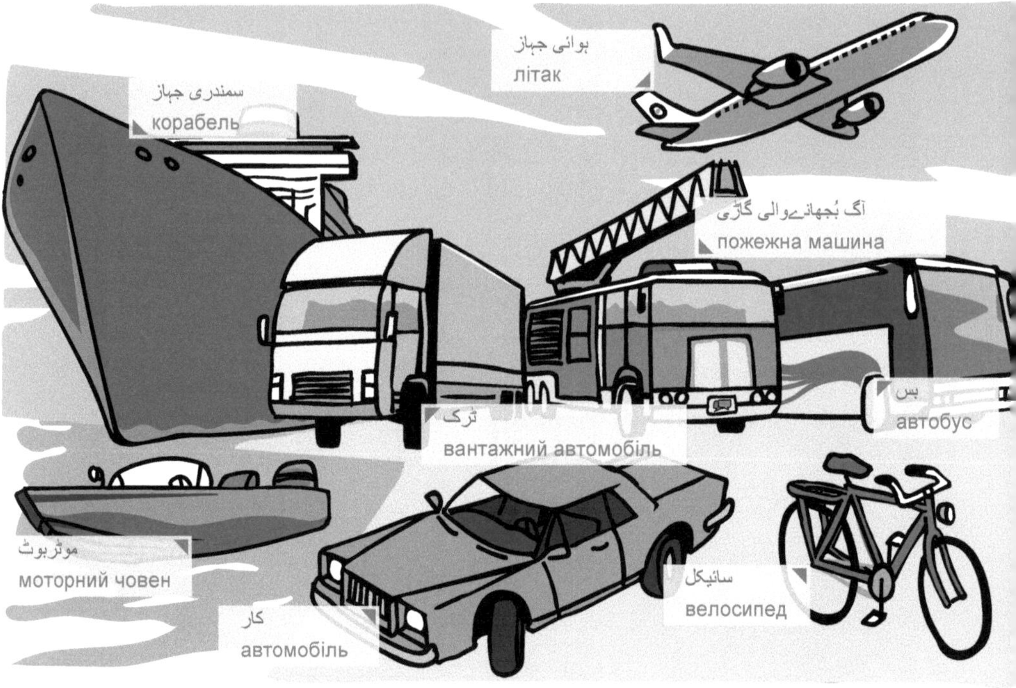

ہوائی جہاز
літак
سمندری جہاز
корабель
آگ بُجھانےوالی گاڑی
пожежна машина
بس
автобус
ٹرک
вантажний автомобіль
موٹربوٹ
моторний човен
سائیکل
велосипед
کار
автомобіль


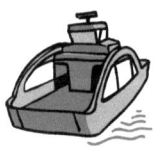

فیری

пором

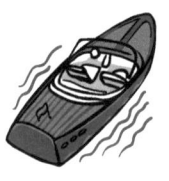

کشتی

човен

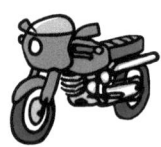

موٹرسائیکل

мотоцикл

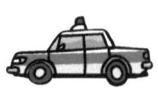

پولیس کار

поліцейська машина

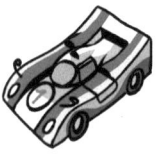

ریسنگ کار

гоночний автомобіль

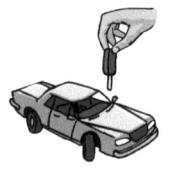

کرایہ پرکار

автомобіль на прокат

کار کا اشتراک کرنا

ільне користування авто

کھینچنے والا ٹرک

евакуатор

کوڑے والا ٹرک

сміттєвоз

کار

двигун

ایندھن

паливо

پٹرول اسٹیشن

автозаправна станція

ٹریفک کے نشانات

дорожній знак

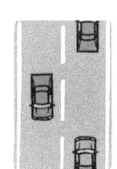

ٹریفک

рух

ٹریفک جام

затор

کار پارک

стоянка

ٹرین اسٹیشن

вокзал

پٹریال

рейки

ٹرین

потяг

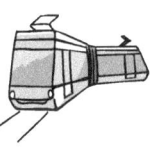

ٹرام

трамвай

ویگن

вагон

بیلی کاپٹر

гелікоптер

ایئرپورٹ

аеропорт

ٹاور

вежа

مسافر

пасажир

کنٹینر

контейнер

ڈبہ

коробка

ریڑھا

візок

ٹوکری

кошик

اڑان بھرنا / زمین پر اترنا

стартувати / приземлятися

گاؤں

село

سٹی سنٹر

центр міста

مکان

дім

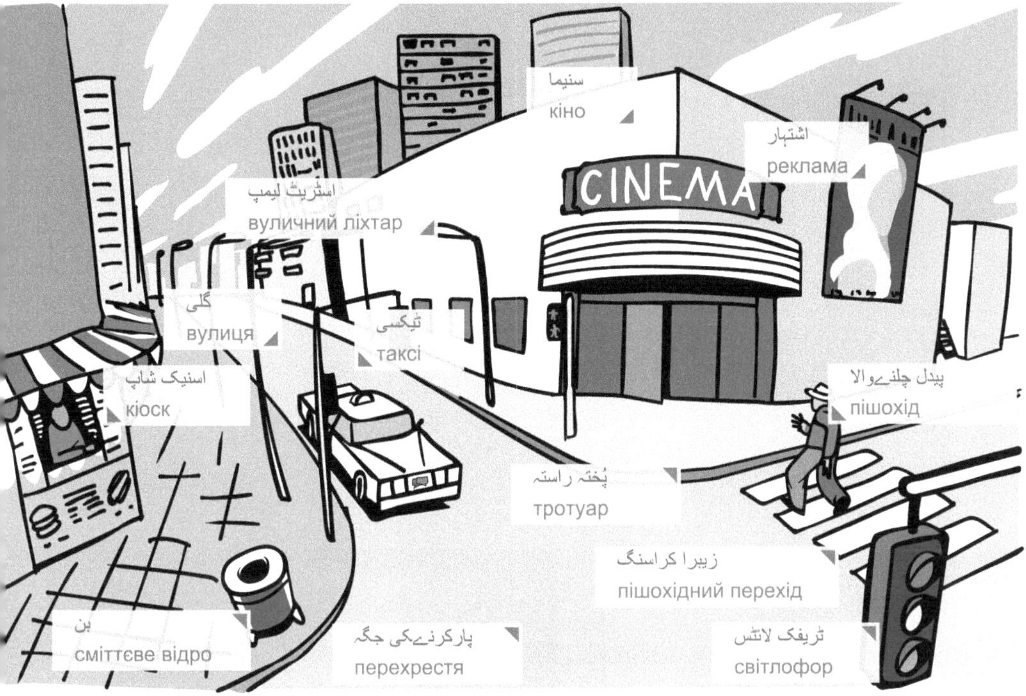

CINEMA
سنیما
кіно
اشتہار
реклама
اسٹریٹ لیمپ
вуличний ліхтар
گلی
вулиця
ٹیکسی
таксі
اسنیک شاپ
кіоск
پیدل چلنے والا
пішохід
پختہ راستہ
тротуар
زیبرا کراسنگ
пішохідний перехід
بن
сміттєве відро
پارکرنے کی جگہ
перехрестя
ٹریفک لائٹس
світлофор


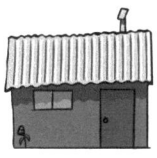

ہٹ

хатина

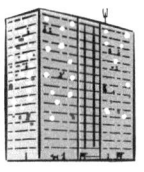

فلیٹ

квартира

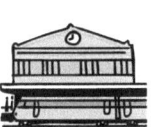

ٹرین اسٹیشن

вокзал

ٹاؤن ہال

ратуша

MUSEUM


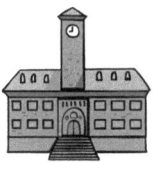

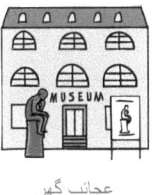

عجائب گھر

музей

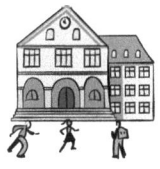

اسکول

школа

یونیورسٹی

університет

بینک

банк

ہسپتال

лікарня

ہوٹل

готель

فارمیسی

аптека

دفتر

офіс

کتابوں کی دُکان

книжковий магазин

دکان

магазин

پھولوں کی دُکان

квітковий магазин

سُپرمارکیٹ

супермаркет

مارکیٹ

ринок

ڈیپارٹمنٹ سٹور

універмаг

مچھلی کی دُکان

торговець рибою

شاپنگ سنتر

торговельний центр

بندرگاہ

гавань

پارک

парк

بینچ

лава

پُل

міст

سیڑھیاں

сходи

انڈّرگراؤنڈّ

метро

سُرنگ

тунель

بس اسٹاپ

автобусна зупинка

شراب خانہ

бар

ریسٹورنٹ

ресторан

پوسٹ باکس

поштова скринька

اسٹریٹ سائن

вулична табличка

پارکنگ میٹّر

лічильник паркування

چڑّیا گھر

зоопарк

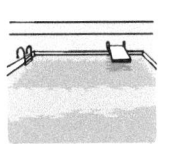

سونمنگ پول

басейн

مسجد

мечеть

كھیت

ферма

آلودگی

забруднення навколишнього середовища

قبرستان

кладовище

چرچ

церква

كھیل کا میدان

дитячий майданчик

مندر

храм

منظر

# ландшафт

پتہ
листок

رہنمائی کے لئے لگا ہوا بورڈ
вказівний стовп

راستہ
шлях

سبزہ زار
луг

پتھر
камінь

پیدل چلنے والا، ہائیکر
мандрівник

درخت
дерево

دریا
річка

گھاس
трава

پھول
квітка

وادی

долина

پہاڑی

гора

جھیل

озеро

جنگل

ліс

صحرا

пустеля

آتش فشاں

вулкан

قلعہ

замок

قوس قزح

веселка

کھمبی

гриб

کجھور کا درخت

пальма

مچھر

комар

مکھی،

муха

چیونٹی

мурашка

مکھی

бджола

مکڑا

павук

بھونرا

жук

مینڈک

жаба

گلہری

вивірка

خارپُشت

їжак

خرگوش

заєць

اُلو

сова

پرندہ

птах

راج ہنس

лебідь

سؤر

кабан

برن

олень

امریکی بارہ سنگھا

лось

ڈیم

гребля

ہوا سےچلنے والی ٹربائین

вітряк

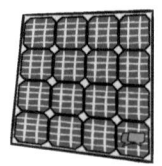

سولرپینل

сонячний модуль

آب وہوا

клімат

# ریسٹورنٹ

# ресторан

ویٹر
офіціант
مینیو
меню
کُرسی
стілець
سوپ
суп
پیزا
піца
ٹیبل کلاتھ
скатертина
کٹلری
столові прилади


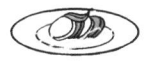

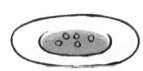

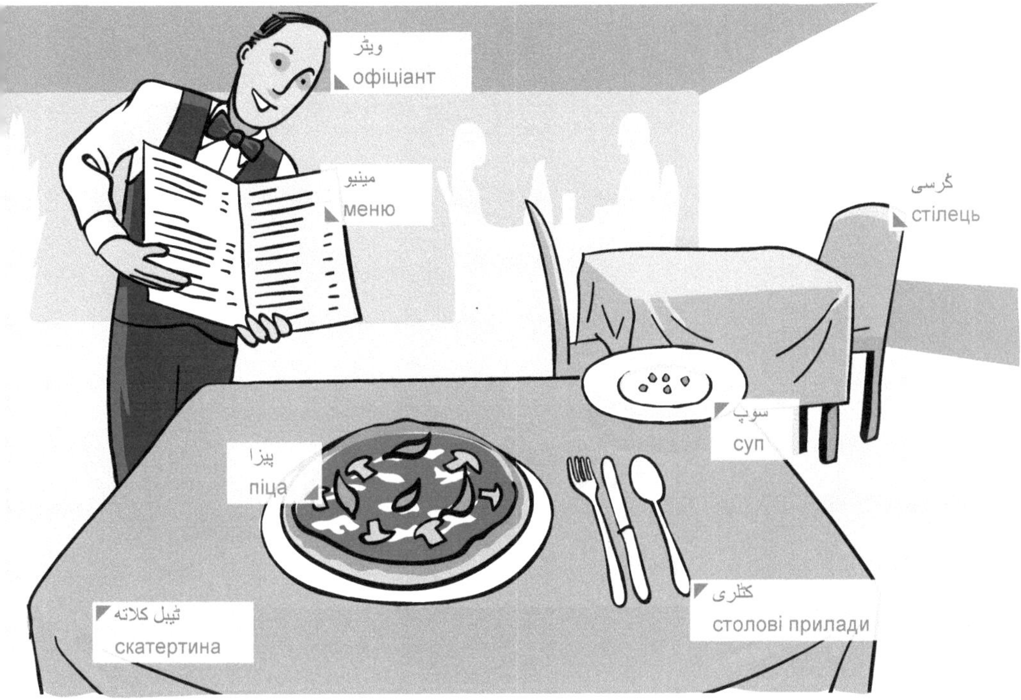

استارٹر

закуска

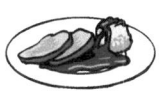

مین کورس

друга страва

ڈیزرٹ

десерт

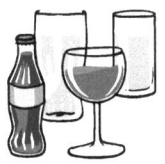

مشروبات

напої

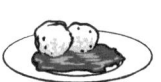

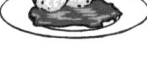

کھانے کی اشیاء

їжа

بوتل

пляшка

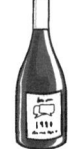

فاسٹ فوڈ

фаст-фуд

اسٹریٹ فوڈ

вулична їжа

چائےدانی

чайник

شوگر باکس

цукорниця

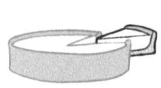

حصہ

порція

ایسپریسو مشین

еспресо-машина

اونچی کرسی

високий стільчик

بل

рахунок

ٹرے

піднос

چھُری

ніж

کانٹا

вилка

چمچ

ложка

چائے کا چمچ

чайна ложка

سرویٹی

серветка

شیشہ

склянка

ریسٹورنٹ - ресторан

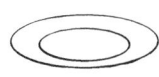

پلیټ

تارілка

سوپ پلیټ

тарілка для супу

طشتری

блюдце

چټنی

соус

سالټ شیکر

солонка

پیپرمل

млин для перцю

سرکه

оцет

خوردنی تیل

масло

مصالحے

спеції

کیچپ

кетчуп

سرسون

гірчиця

مینونیز

майонез

# سُپرمارکیٹ

# супермаркет

خصوصی پیشکش
пропозиція
FOR
گاہک
клієнт
ڈیری
молочні продукти
پھل
фрукти
ٹرالی
візок для покупок


BUTCHERS


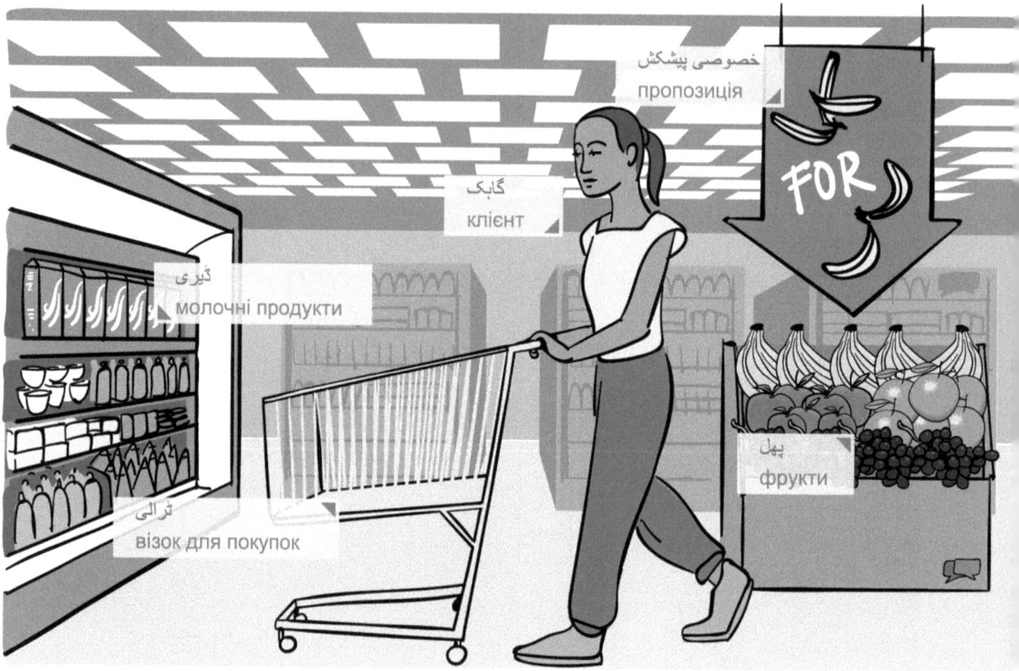

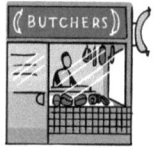

گوشت کی دُکان

м'ясний магазин

BAKERY


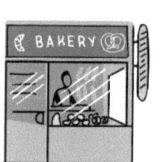

بیکری

пекарня

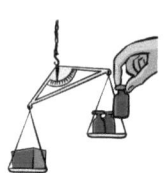

وزن کرنا

зважувати

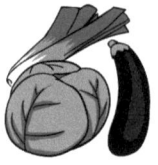

سبزیاں

овочі

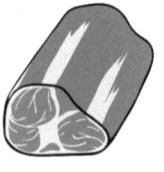

گوشت

м'ясо

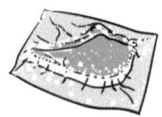

جما ہوا کھانا

заморожені продукти

کولڈ کٹس

ковбасна нарізка

ڈبے میں بند کھانا

консерви

واشنگ پاؤڈر

пральний порошок

مٹھائیاں

солодощі

گھریلو مصنوعات

предмети домашнього побуту

صاف کرنے کیلئے مصنوعات

мийний засіб

سیلز پرسن

продавщиця

کیش رجسٹر

каса

کیشنیر

касир

خریداری کی فہرست

список покупок

اوقات کار

часи роботи

بٹوہ

гаманець

کریڈٹ کارڈ

кредитна картка

تھیلا

сумка

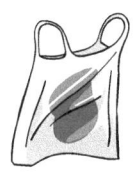

پلاسٹک کے تھیلے

поліетиленовий пакет

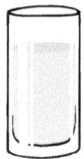

پانی

вода

جوس، رس

сік

دودھ

молоко

کوک

кола

وائن

вино

بیئر

пиво

الکوحل

алкоголь

کوکوآ

какао

چائے

чай

کافی

кава

ایسپریسو

еспресо

کیپاچینو

капучіно

كيلا

банан

سيب

яблуко

مالٹا

апельсин

خربوزہ

кавун

ليموں

лимон

گاجر

морква

لہسن

часник

بانس

бамбук

پياز

цибуля

كھمبی

гриб

اخروٹ، بادام وغيرہ

горішки

نوڈلز

локшина

اسپیگیٹی

спагеті

چاول

рис

سلاد

салат

چپس

картопля фрі

تلے گئے آلو

смажена картопля

پیزا

піца

بیم برگر

гамбургер

سینڈوچ

бутерброд

کٹلیٹ

шніцель

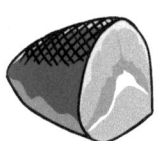

سؤرکی ران کا گوشت

шинка

گوشت کی اطالوی ساسیج

салямі

ساسیج

ковбаса

مُرغی

курка

روسٹ

печеня

مچھلی

риба

جئی کا دلیہ

وівсяні пластівці

میوزلی

мюслі

کارن فلیکس

кукурудзяні пластівці

آٹا

борошно

کروئیسنٹ

круасан

بریڈ رول

булочка

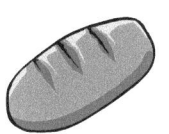

بریڈ

хліб

ٹوسٹ

тостовий хліб

بسکٹ

печиво

مکھن

масло

دہی

сир

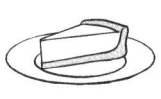

کیک

пиріг

انڈا

яйце

فرائی کیا گیا انڈہ

яєчня

پنیر

сир

أنس كريم
موروزيفو

چينى
цукор

شہد
мед

جام
мармелад

ناؤگٹ كريم
нуга-крем

سالن
карі

فارم ہاؤس
سільський будинок ▸

تنکوں کی گانٹھه
соломʼяні тюки ▸

كھليان
комора ▸

كھيت
поле ▸

گھوڑا
кінь ▸

ٹريلر
причіп ▸

گھوڑے کا بچه
лоша ◂

ٹريكٹر
трактор

گدھا
віслюк ▸

بھيڑ
вівця ◂

ميمنه
ягня ◂

بكرى
коза

گائے
корова

بچھڑا
теля

سؤر
свиня

سؤركابچه
порося

سانڈ
бик

سنس چار راج

гусак

بطخ

качка

چوزہ

курча

مُرغى

курка

مُرغا

півень

چوہا

щур

بلى

кіт

چوہا

миша

بیلچھ

віл

کتا

собака

کتے کا گھر

собача будка

گارڈن ہوز

садовий шланг

پانی کا کین

лійка

درانتى

коса

ہل

плуг

درانتی

серп

بیلچہ

мотика

ترنگل

вила

کلہاڑا

сокира

بتہ گاڑی

тачка

حوض

корито

دودھ کا کین

бідон молока

تھیلا

мішок

باڑ

паркан

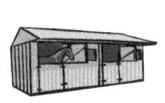

اصطبل

хлів

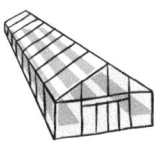

گرین ہاؤس

теплиця

مٹی

ґрунт

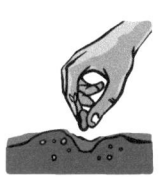

بیج

насіння

فرٹیلائیزر

добриво

کمبائن ہاروبسٹر

комбайн

فصل کاٹنا

پوжинати

فصل کاٹنا

урожай

افریقی آلو

корінь ямсу

گندم

пшениця

سویا

соя

آلو

картопля

مکئی

кукурудза

توریا کا تیل

ріпак

پھلدار درخت

плодове дерево

کساوا

маніок

دلیہ

злаки

# مکان
## дім

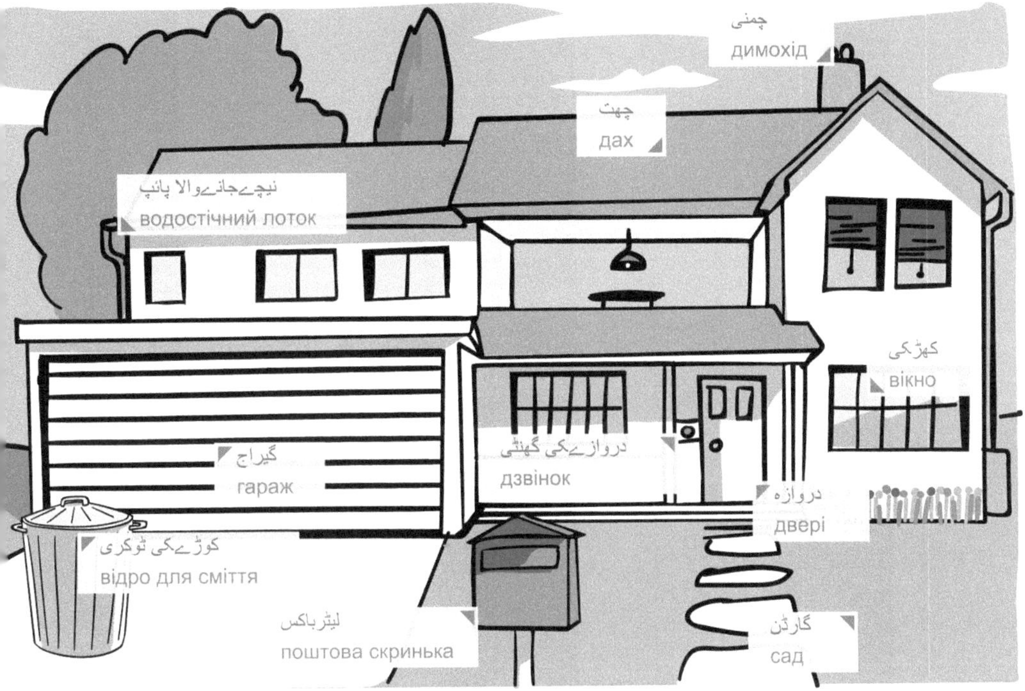
چمنی
димохід
چھت
дах
نیچے جانے والا پائپ
водостічний лоток
کھڑکی
вікно
گیراج
гараж
دروازے کی گھنٹی
дзвінок
دروازہ
двері
کوڑے کی ٹوکری
відро для сміття
لیٹرباکس
поштова скринька
گارڈن
сад

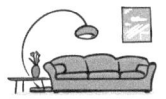

لوونگ روم

вітальня

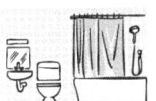

غُسل خانہ

ванна кімната

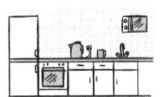

باورچی خانہ

кухня

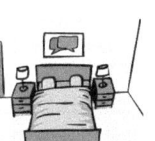

بیڈروم

спальня

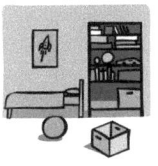

بچوں کا کمرہ

дитяча кімната

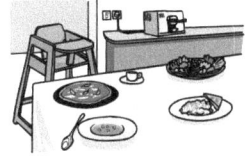

کھانے کا کمرہ

їдальня

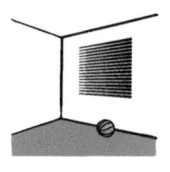

فرش

підлога

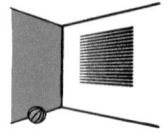

دیوار

стіна

چھت

стеля

تہ خانہ

підвал

سوانا

сауна

بالكونی

балкон

ٹیریس

тераса

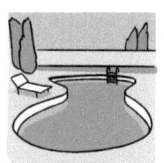

پول

басейн

گھاس كاٹنے کی مشین

косарка

چادر

простирало

چادر

ковдра

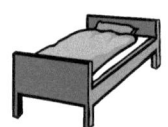

بستر

ліжко

جھاڑو

мітла

بالٹی

відро

سونچ

перемикач

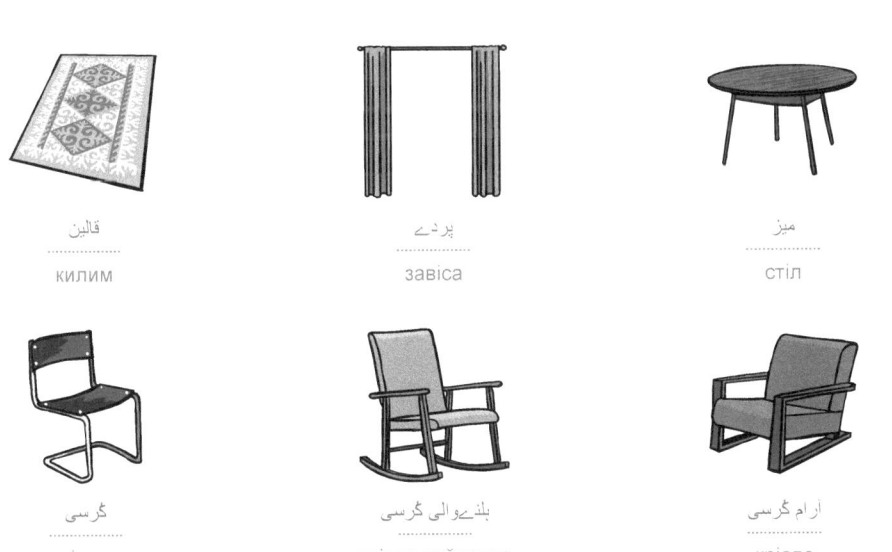

وال پیپر
شپالери

تصویر
малюнок

لیمپ
лампа

شیلف
поличка

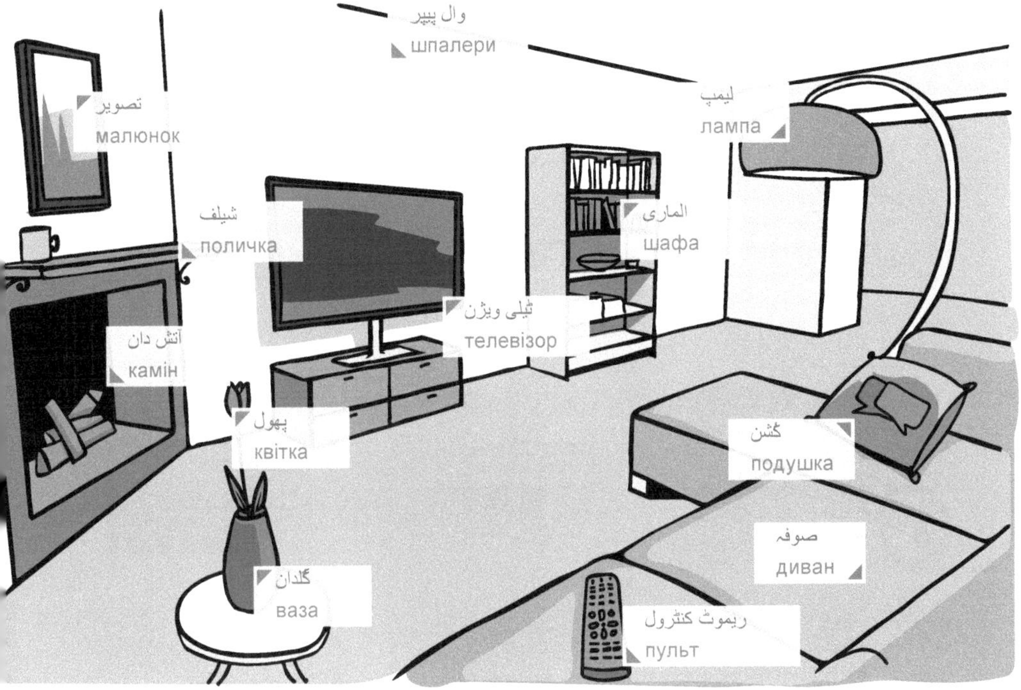

الماری
шафа

ٹیلی ویژن
телевізор

آتش دان
камін

پھول
квітка

کُشن
подушка

گلدان
ваза

صوفہ
диван

ریموٹ کنٹرول
пульт

| قالین | پردے | میز |
|---|---|---|
| килим | завіса | стіл |

| گرسی | بلنڈے والی گرسی | آرام گرسی |
|---|---|---|
| стілець | крісло-гойдалка | крісло |

كتاب

книга

كمبل

ковдра

آرائش

прикраса

جلانےکی لکڑی

дрова

فلم

фільм

بانی فانی

стереосистема

چابی

ключ

اخبار

газета

پینٹنگ

картина

پوسٹر

плакат

ریڈیو

радіо

نوٹ بُک

блокнот

ویکیوم کلینر

пилосос

کیکٹس

кактус

موم بتی

свічка

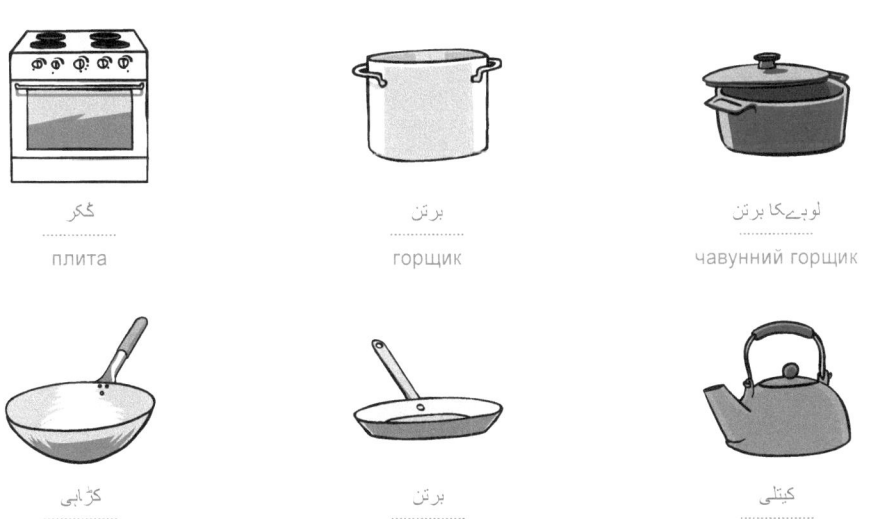

# باورچی خانہ

## кухня

فرج
холодильник
مائیکروویواوون
мікрохвильова піч
کچن اسکیل
кухонні ваги
ٹوسٹر
тостер
کپڑے دھونے کا پاؤڈر
мийний засіб
چولہا
піч
فریزر
морозильне відділення
کوڑے کی ٹوکری
відро для сміття
ڈش واشر
посудомийна машина


ٹکر
плита

برتن
горщик

لوہے کا برتن
чавунний горщик

کڑاہی
вок / кадай

برتن
сковорода

کیتلی
чайник

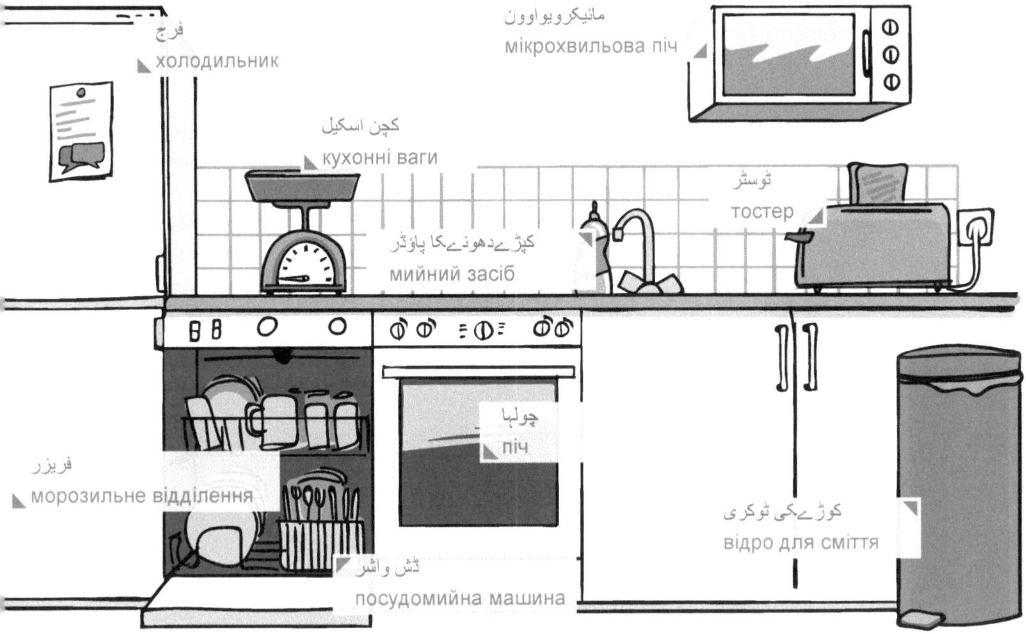

استیمر

پاروварка

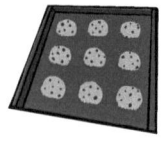

بیکنگ ٹرے

лист

کراکری

посуд

مگ

кухоль

پیالہ

чаша

چاپ اسٹکس

палички для їжі

ڈوئی

черпак

کفچہ

лопатка

جھاڑودینا

вінчик для збивання

مقطر

сито

چھلنی

сито

گریٹر

терка

کونڈی

ступка

باربی کیو

барбекю

کھلی آگ

багаття

چاپنگ بورڈ

дошка

بیلن

качалка

کارک اسکریو

штопор

کین

конзерва

کین اوپنر

відкривачка

برتن پکڑنے والا کپڑا

прихватки

سنک

раковина

برش

щітка

اسپونج

губка

بلینڈر

міксер

ڈیپ فریز

морозильна камера

بچے کی بوتل

дитяча пляшка

ٹونٹی

кран

# غُسل خانہ

# ванна кімната

شاور
душ
ہیٹنگ
опалення
تولیہ
рушник
شاورکرٹن
душова завіса
ببل باتھ
піниста ванна
باتھ ٹب
ванна
شیشہ
склянка
واشنگ مشین
пральна машина
ٹونٹی
кран
ٹائلیں
плитка
پاٹی
горшок
سنک
раковина


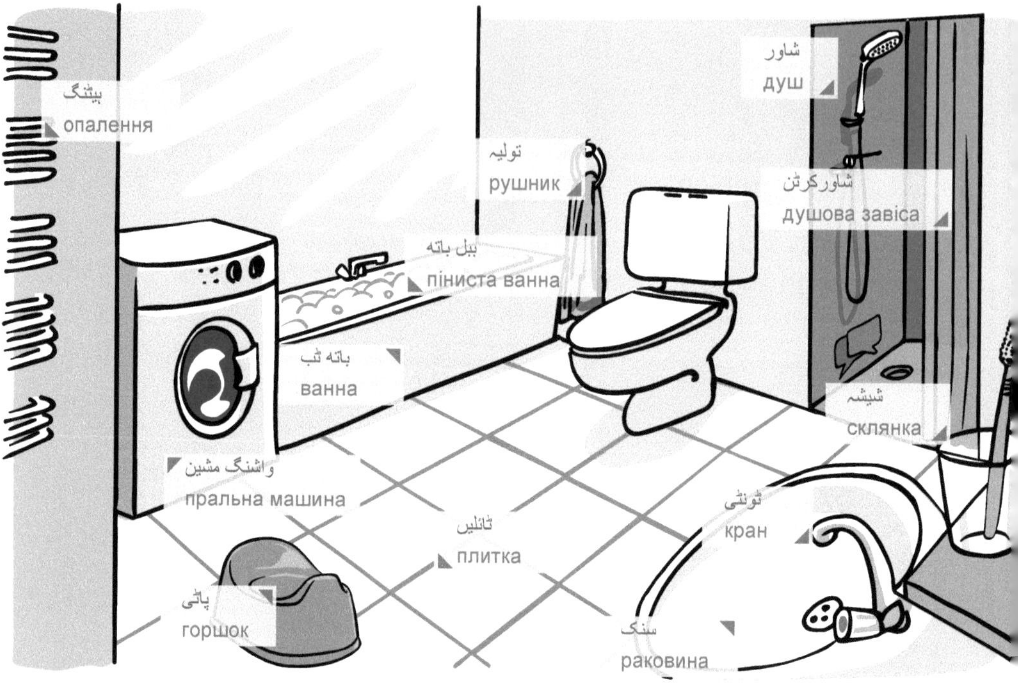

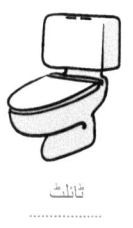

ٹائلٹ

туалет

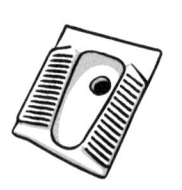

دوزانوں بیٹھنےوالی ٹائلٹ

підлоговий туалет

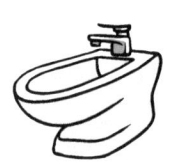

نچلاحصہ دھونےکیلئےپاٹ

біде

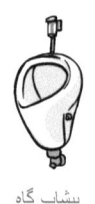

پیشاب گاہ

пісуар

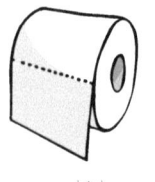

ٹائلٹ پیپر

туалетний папір

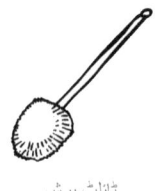

ٹائلٹ برش

щітка для туалету

توته برش

زبна щітка

توته پيست

зубна паста

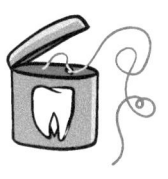

ڈينتل فلاس

нитка для чищення зубів

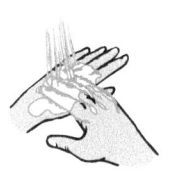

دھونا

мити

بينڈ شاور

ручний душ

شاور

інтимний душ

بيسن

таз

بيک برش

щітка для спини

صابن

мило

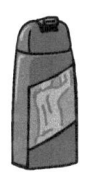

شاورجل

гель для душу

شيمپو

шампунь

فلالين

мочалка

ڈرين

водостік

کريم

крем

ڈيوڈورنٹ

дезодорант

آئینہ

дзеркало

ہاتھ میں پکڑا جانے والا آئینہ

косметичне дзеркало

ریزر

бритва

شیونگ فوم

піна для гоління

آفٹرشیو

лосьйон після гоління

کنگھی

гребінь

برش

щітка

ہیئر ڈرائر

фен

ہیئر اسپرے

лак для волосся

میک اپ

косметика

لپ اسٹک

губна помада

نیل وارنش

лак для нігтів

روئی

вата

ناخن کاٹنے کی قینچی

ножиці для нігтів

پرفیوم

парфум

واش بیگ

косметичка

پاخانہ

табурет

وزن کرنے کی مشین

ваги

باتھ روب

халат

ربڑ کے دستانے

гумові рукавички

ٹیمپون

тампон

سینیٹری ٹاول

гігієнічні прокладки

کیمیکل ٹائلٹ

біотуалет

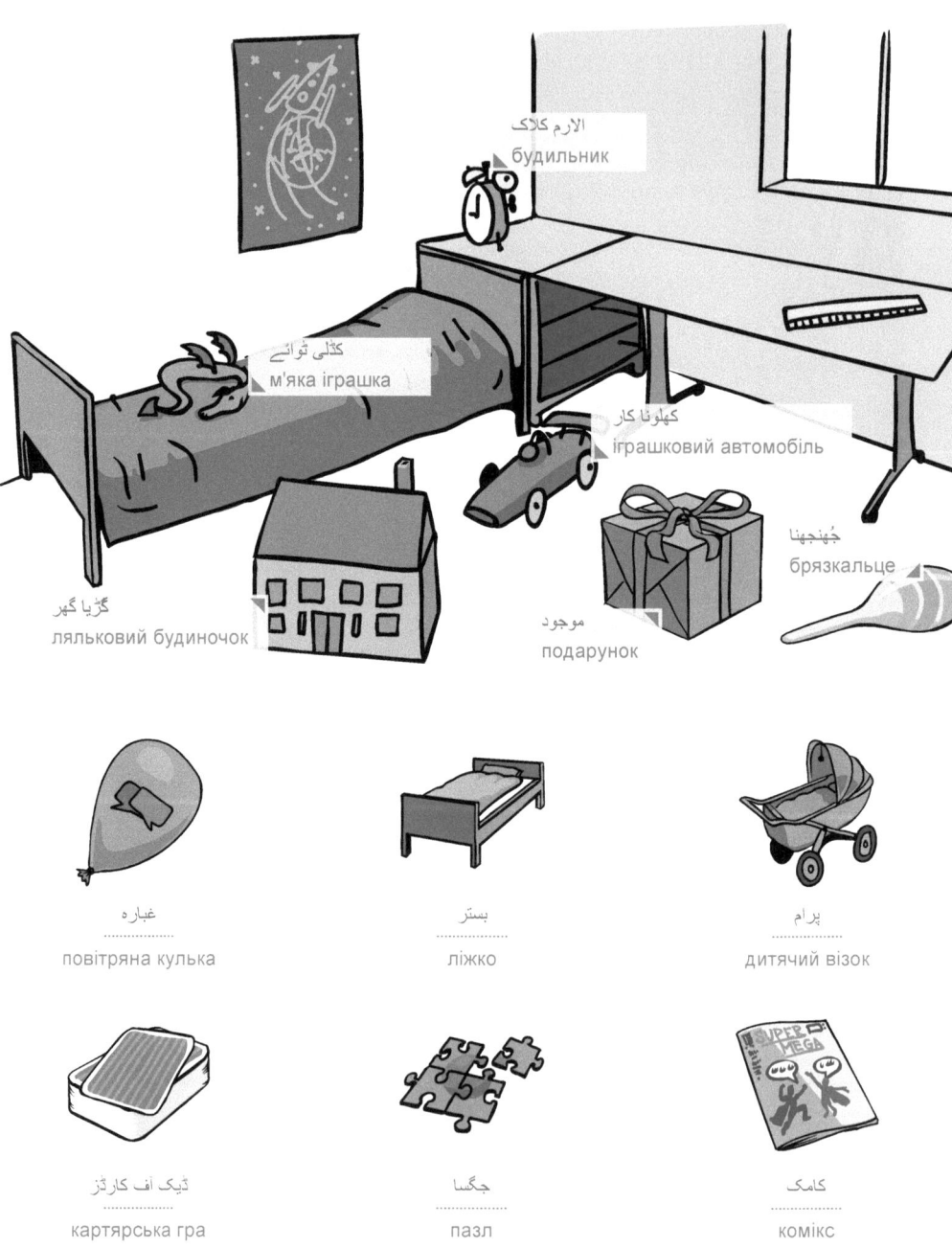

الارم کلاک
будильник

کھلونے تُوائے
м'яка іграшка

کھلونا کار
іграшковий автомобіль

جُھنجھنا
брязкальце

گُڑیا گھر
ляльковий будиночок

موجود
подарунок

غبارہ
повітряна кулька

بستَر
ліжко

پرام
дитячий візок

ڈیک آف کارڈز
картярська гра

جگسا
пазл

کامک
комікс

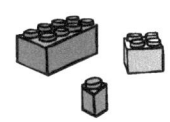

ليگوبرکس

лего цеглинки

کھلونا بلاکس

блоки

ایکشن فگر

іграшкова фігурка

بچے کا لباس

повзунки

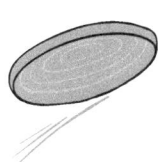

فرسبی

фризбі

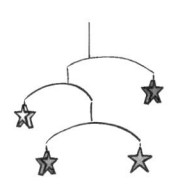

کھلونا موبائل

мобіле

بورڈ گیم

настільна гра

ڈائس

кубик

ماڈل ٹرین سیٹ

модель залізнична станція

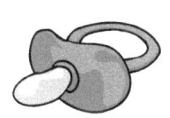

ڈمی

соска

پارٹی

вечірка

تصاویروالی کتاب

книжка з картинками

گیند

м'яч

گڑیا

лялька

کھیلنا

грати

سینڈ پٹ

пісочниця

جھولا جھولنا

гойдалка

کھلونے

іграшка

وڈیوگیم کنسول

гральна консоль

تین پہیوں والی سائیکل

триколісний велосипед

ٹیڈی بیئر

плюшевий мішка

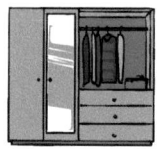

کپڑوں کی الماری

шафа

لباس

# ОДЯГ

موزے

шкарпетки

اسٹاکنگز

панчохи

ٹائٹس

колготки

اسكارف
شارف

بیلٹ
ремінь

چھتری
парасоля

ٹی شرٹ
футболка

بوٹ
чоботи

سلیپر
домашнє взуття

اسنیکرز
кросівки

سینڈل
сандалі

جوتے
взуття

ریڑکےبوٹس
гумові чоботи

زیرجامہ
труси

بریزنیر
бюстгальтер

واسکٹ
нижня сорочка

جسم

боді

پتلون

штани

جینز

джинси

اسکرٹ

спідниця

بلاؤز

блузка

قمیض

сорочка

پُل اوور

пуловер

سویٹر

светр

بلیزر

піджак

جیکٹ

куртка

کوٹ

пальто

رین کوٹ

дощовик

کوئی خاص لباس

костюм

لباس

сукня

شادی کا لباس

весільна сукня

سوٹ

костюм

نائٹ گاؤن

нічна сорочка

پاجامہ

піжама

ساڑھی

capi

سر پر لیا جانے والا اسکارف

головна хустка

پگڑی

чалма

بُرقع

бурка

کفتان

кафтан

عبایہ

абая

تیراکی کا سوٹ

купальник

ٹرنک

плавки

نیکر

шорти

ٹریک سوٹ

тренувальний костюм

ایپرن

фартух

دستانے

рукавички

بٹن

گудзик

عینک

окуляри

کنگن

браслет

بار

ланцюг

انگوٹھی

кільце

کانوں کی بالیاں

сережка

ٹوپی

шапка

کوٹ ہینگر

плічка

ہیٹ

капелюх

ٹائی

краватка

زپ

застібка-блискавка

ہیلمٹ

шолом

بریسز

підтяжки

سکول یونیفارم

шкільна форма

وردی

уніформа

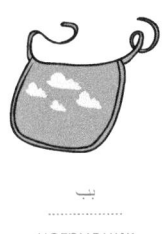

بب

нагрудник

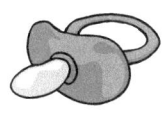

ڈمی

соска

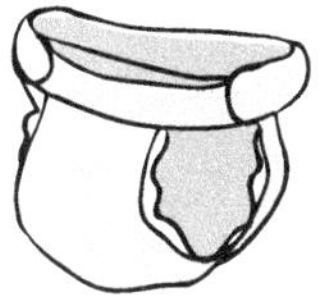

نیپی

підгузок

# دفتر

# офіс

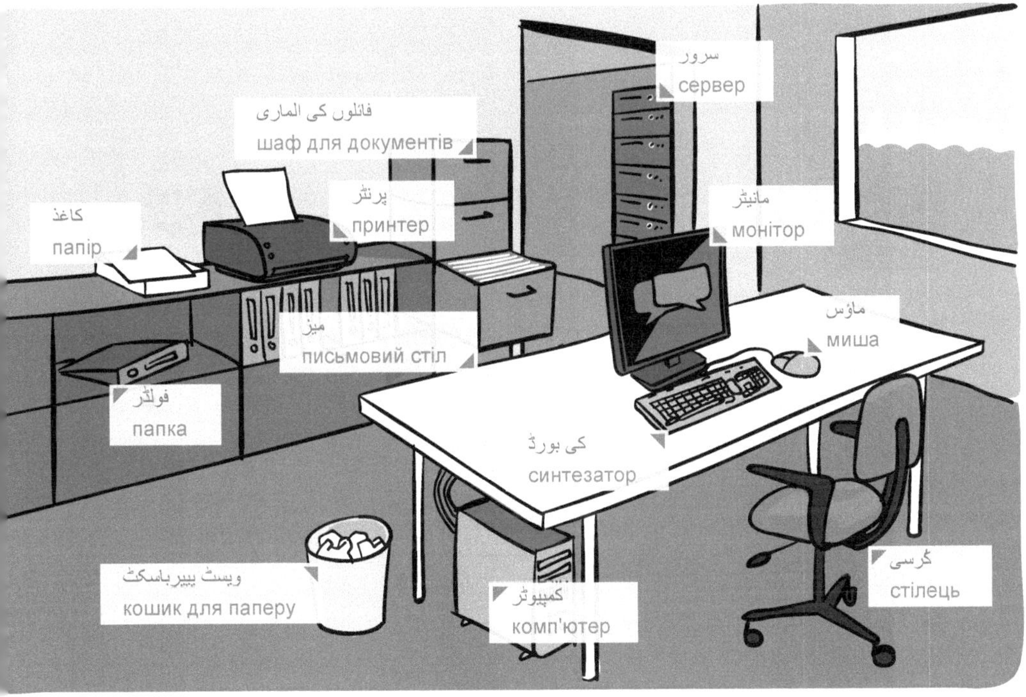
سرور
сервер
فائلوں کی الماری
шаф для документів
پرنٹر
принтер
کاغذ
папір
مانیٹر
монітор
ماؤس
миша
میز
письмовий стіл
فولڈر
папка
کی بورڈ
синтезатор
ویسٹ پیپرباسکٹ
кошик для паперу
کمپیوٹر
комп'ютер
کُرسی
стілець

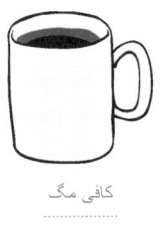

کافی مگ

кавовий кухоль

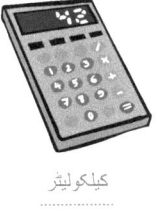

کیلکولیٹر

калькулятор

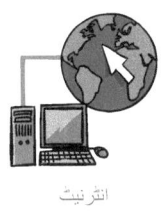

انٹرنیٹ

інтернет

لیپ ٹاپ

ноутбук

خط

лист

پیغام

повідомлення

موبائل

мобільний телефон

نیٹ ورک

мережа

فوٹوکاپئر

копіювальний пристрій

سافٹ ویئر

програмне забезпечення

ٹیلی فون

телефон

پلگ ساکٹ

розетка

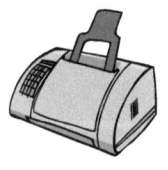

فیکس مشین

факс

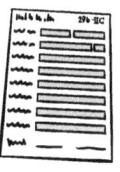

فارم

бланк

دستاویز

документ

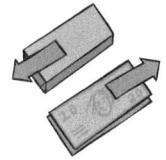

خریدنا

купувати

ادائیگی کرنا

платити

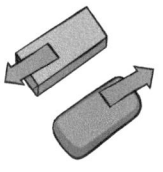

تجارت کرنا

торгувати

رقَم

гроші

ڈالر

долар

یورو

євро

ین

ієна

روبل

рубль

سوئس فرانک

франк

رینمینبی یوان

юанів женьміньбі

روپیہ

рупія

کیش پواننٹ

банкомат

رقم تبدیل کرانے کیلئے دفتر

обмінний пункт

سونا

золото

چاندی

срібло

خام تیل

нафта

توانائی

енергія

قیمت

ціна

معاہدہ

контракт

ٹیکس

податок

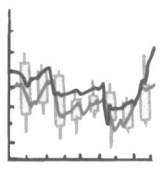

اسٹاک

акція

کام کرنا

працювати

ملازم

працівник

أجر

роботодавець

فیکٹری

фабрика

دکان

магазин

# پیشے

# професії

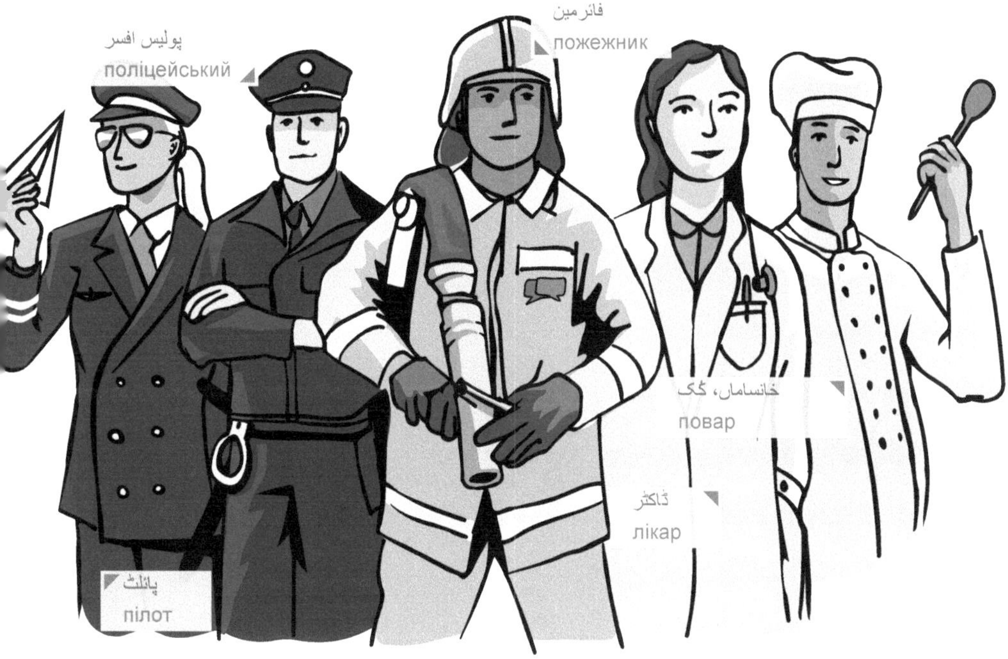

پولیس افسر
поліцейський
فائر مین
пожежник
خانساماں، کُک
повар
ڈاکٹر
лікар
پائلٹ
пілот


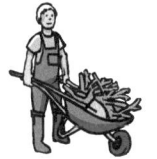

مالی
садівник

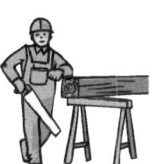

ترکھان
столяр

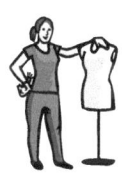

درزن
швачка

جج
суддя

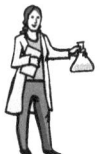

کیمسٹ
хімік

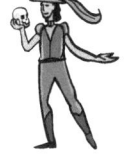

اداکار
актор

بس ڈرائیور

водій автобуса

ٹیکسی ڈرائیور

таксист

مچھیرا

рибалка

صفائی کرنے والی عورت

прибиральниця

چھت بنانے والا

покрівельник

ویٹر

офіціант

شکاری

мисливець

پینٹر

художник

بیکر

пекар

الیکٹریشین

електрик

بلڈر

будівельник

انجینئر

інженер

قصائی

забійник

پلمبر

бляхар

ڈاکیا

листоноша

سپاہی

солдат

آرکیٹیکٹ

архітектор

کیشئیر

касир

پھول بیچنے والا

флорист

نائی

перукар

کنڈکٹر

кондуктор

مکینک

механік

کپتان

капітан

ڈینٹسٹ

дантист

سائنسدان

вчений

یہودی عالم

рабин

امام

імам

راہب

монах

پادری

пастор

# اوزار
# інструменти

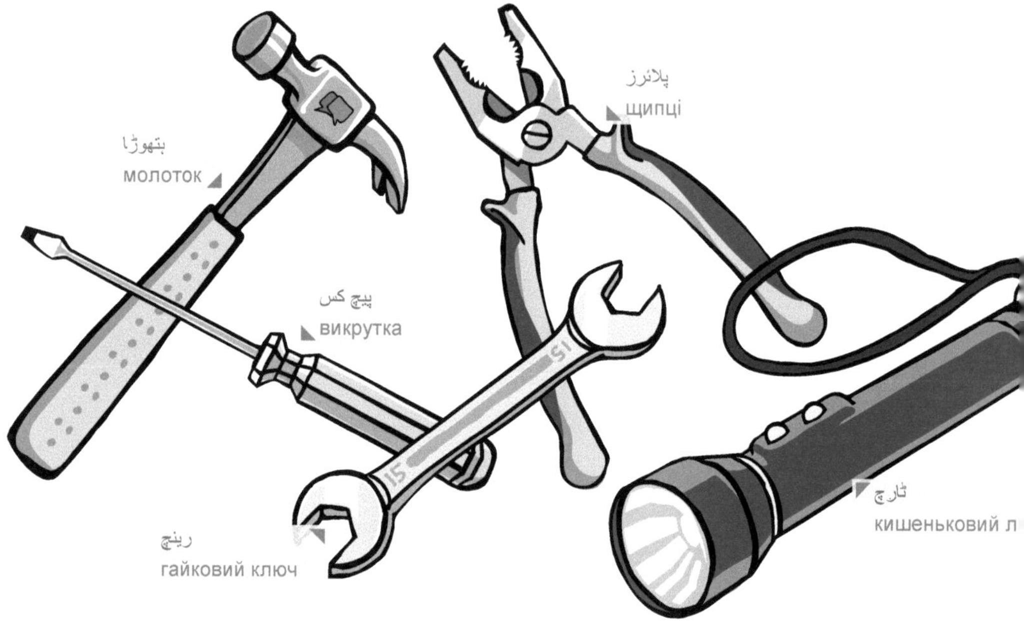

بتھوڑا
молоток
پلائرز
щипці
پیچ کس
викрутка
رینچ
гайковий ключ
ٹارچ
кишеньковий л


ایکسکویٹر

екскаватор

ٹول باکس

ящик для інструментів

سیڑھی

драбина

آری

пилка

کیل

цвяхи

ڈرل

свердло

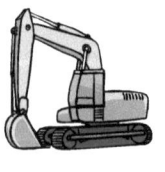

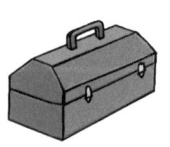

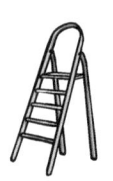

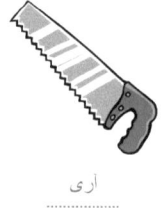

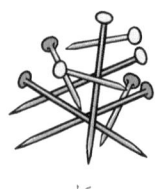

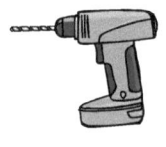

مرمت کرنا

ремонтувати

بیلچہ

лопата

لعنت ہو!

лайно!

ڈسٹ پین

совок

پینٹ پاٹ

відро з фарбою

پیچ

гвинти

## آلات موسیقی

## музичні інструменти

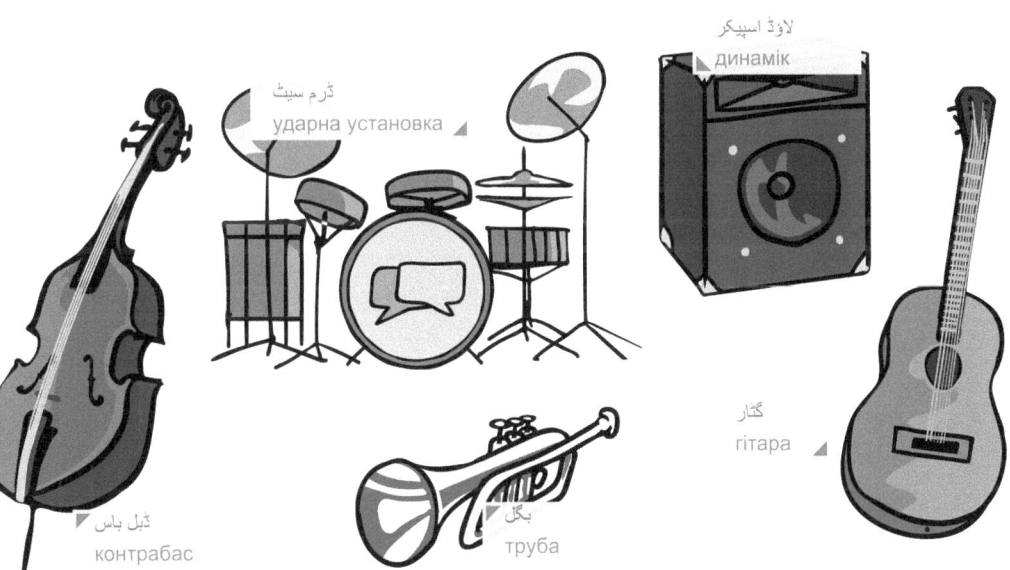

لاؤڈ اسپیکر
динамік

ڈرم سیٹ
ударна установка

کنٹرا باس
контрабас

بگل
труба

گٹار
гітара

پیانو

فورتهپیانو

وائلن

скрипка

موسیقی کی آواز

бас

ٹمپانی

литаври

ڈھول، ڈرمز

барабан

کی بورڈ

клавіатура

سیکسوفون

саксофон

بانسری

флейта

مائیکروفون

мікрофон

# چڑیا گھر

## зоопарк

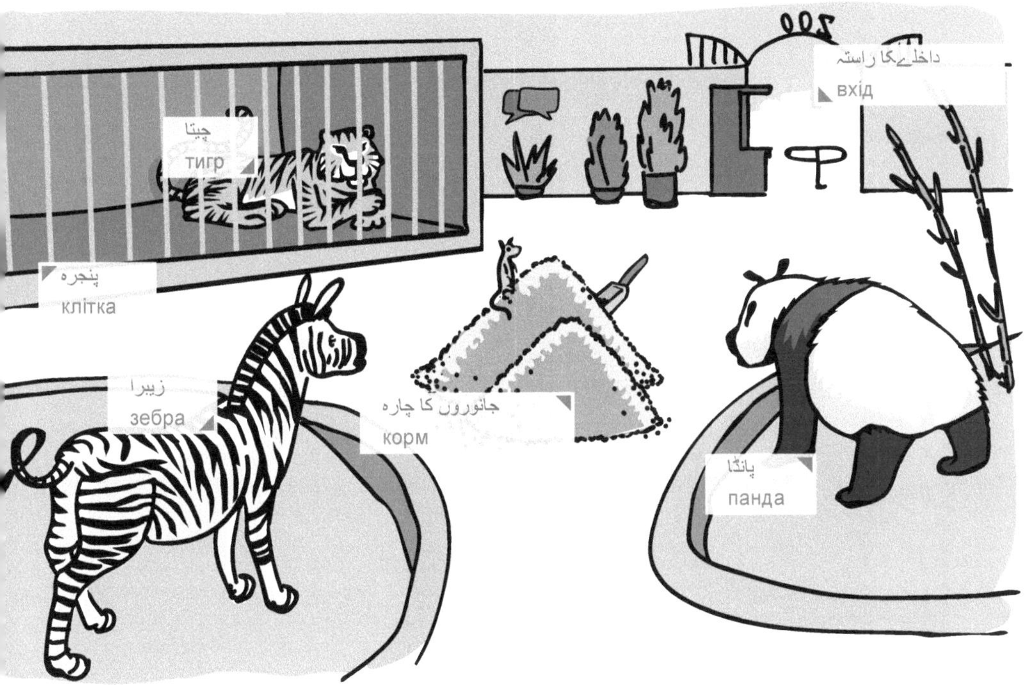
چیتا
тигр
داخلے کا راستہ
вхід
پنجره
клітка
زیبرا
зебра
جانوروں کا چارہ
корм
پانڈا
панда

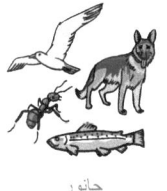

جانور

тварини

ہاتھی

слон

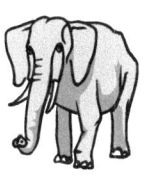

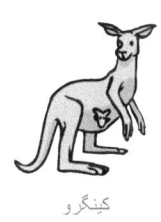

کینگرو

кенгуру

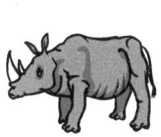

گینڈا

носоріг

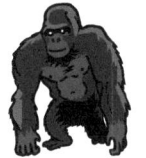

گوریلا

горила

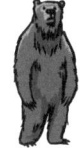

ریچھ

ведмідь

اونٹ

верблюд

شُتَرمُرغ

страус

شیر

лев

بندر

мавпа

فلیمنگو

фламінго

طوطا

папуга

قطبی ریچھ

білий ведмідь

کبوتر

пінгвін

شارک

акула

مور

павич

سانپ

змія

مگرمچھ

крокодил

چڑیا گھر کا محافظ

працівник зоопарку

سِیل

тюлень

امریکی تیندوا

ягуар

تٹو

پونی

چیتا

леопард

دریائی گھوڑا

гіпопотам

زرافہ

жираф

عقاب

орел

سؤر

кабан

مچھلی

риба

کچھوا

черепаха

سمندری گھوڑا

морж

لومڑی

лисиця

غزال برن

газель

# спорт

امریکن فٹ بال
американський футбол

سائیکلنگ
їзда на велосипеді

تینس
теніс

باسکٹ بال
баскетбол

پیراکی
плавання

آئس ہاکی
хокей

باکسنگ
бокс

فٹ بال
футбол

بیڈمنٹن
бадмінтон

اتھلیٹکس
легка атлетика

ہینڈ بال
гандбол

اسکیننگ
лижні перегони

پولو
поло

بنسنا
сміятися

چھلانگ ل
рибати

گلے لگانا
обіймати

چلنا
йти

گانا
співати

خواب دیکھنا
мріяти

دُعا کرنا
молитися

چُومنا
цілувати

لکھنا
писати

تصویر کشی کرنا
малювати

دکھانا
показувати

آگے کی طرف دھکیلنا
тиснути

دینا
давати

لینا
брати

رکھنا

مати

کرنا

робити

ہونا

бути

کھڑا ہونا

стояти

دوڑنا

бігати

کھینچنا

тягнути

پھینکنا

кидати

گرنا

падати

جھوٹ بولنا

лежати

انتظار کرنا

очікувати

اٹھانا

носити

بیٹھنا

сидіти

ملبوس ہونا

одягати

سونا

спати

جاگنا

просипатися

دیکھنا

دیویتیسیا

رونا

плакати

چوٹ لگانا

гладити

کنگھی کرنا

розчісувати

بات کرنا

розмовляти

سمجھنا

розуміти

پوچھنا

питати

مُتوجہ ہونا

слухати

پینا

пити

کھانا

їсти

صاف کرنا

прибирати

پیارکرنا

любити

پکانا

варити

گاڑی چلانا

їхати

اڑنا

літати

بحری سفرکرنا

йти під вітрилом

شمارکریں

рахувати

پڑھنا

читати

سیکھنا

вчитися

کام کرنا

працювати

شادی کرنا

одружуватися

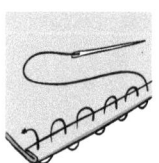

سینا

шити

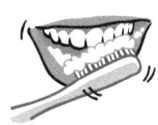

دانت صاف کرنا

чистити зуби

جان سے ماردینا

убивати

تمباکونوشی کرنا

курити

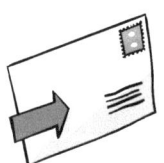

بھیجنا

посилати

# خاندان

## сім'я

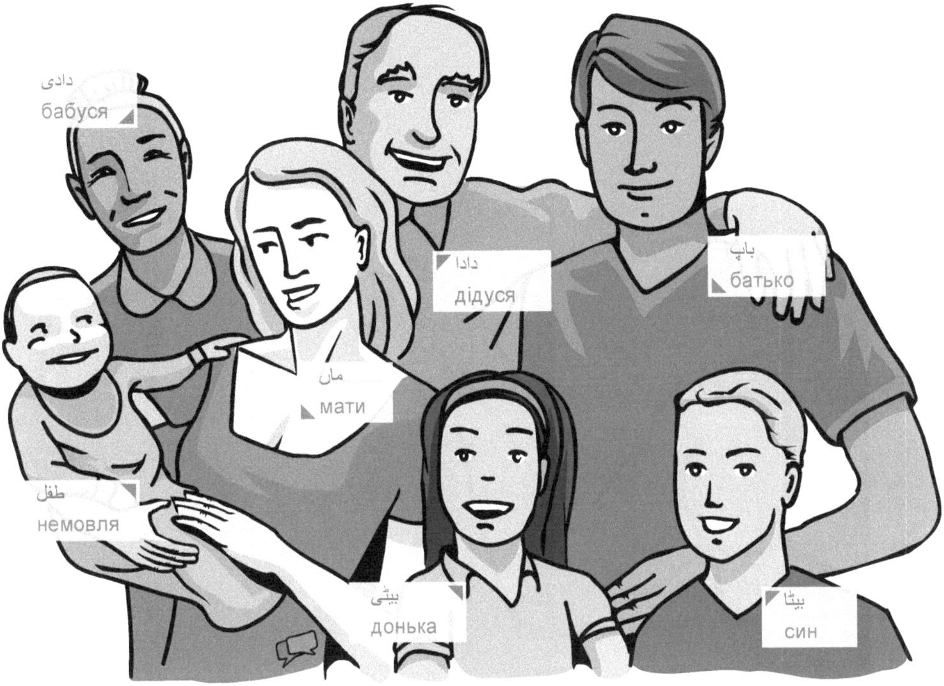

دادی
бабуся
دادا
дідуся
باپ
батько
ماں
мати
طفل
немовля
بیٹی
донька
بیٹا
син


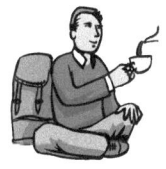

مہمان

гість

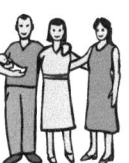

چچی

тітка

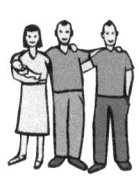

چچا

дядько

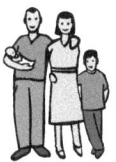

بھائی

брат

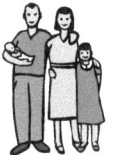

بہن

сестра

# جسم

# тіло

ماتھا
чоло
آنکھ
око
چہرہ
обличчя
ٹھوڑی
підборіддя
انگلی
палець
ہاتھ
кисть
چھاتی
груди
بازو
рука
کندھا
плече
ٹانگ
нога

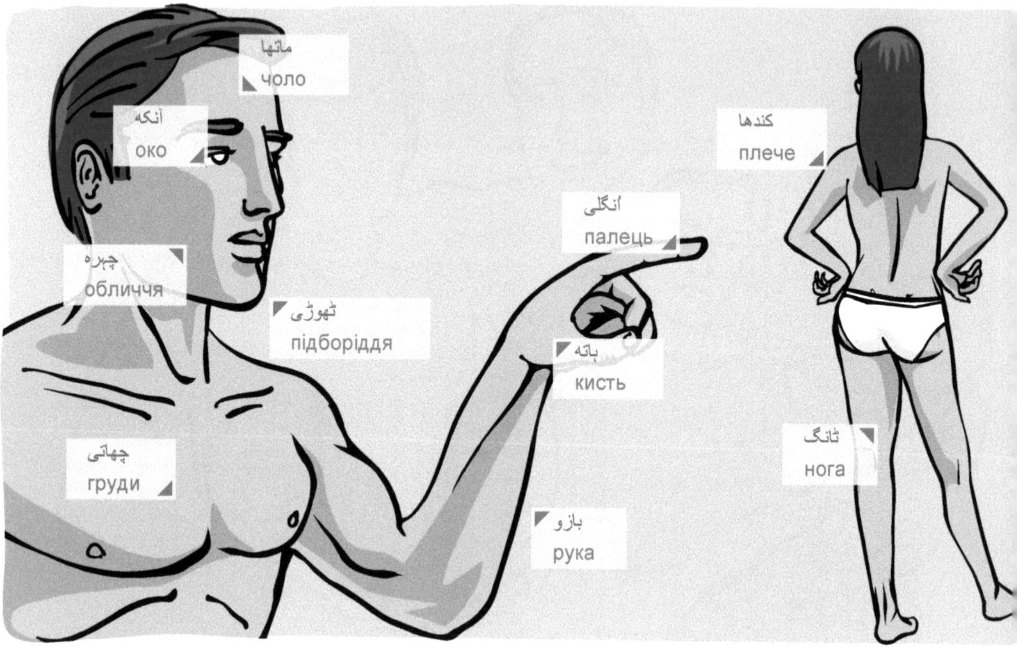

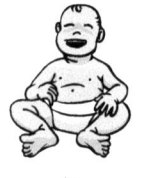

طفل

немовля

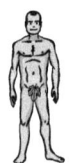

آدمی

чоловік

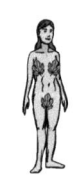

عورت

жінка

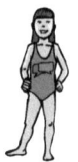

لڑکی

дівчина

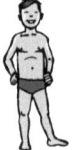

لڑکا

хлопчик

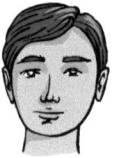

سر

голова

کمر

спина

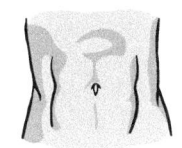

پیٹ

живіт

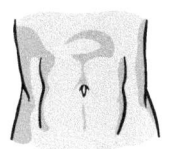

ناف

пуп

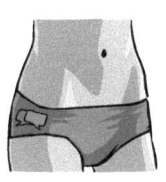

پاؤں کا انگوٹھا

палець ноги

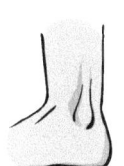

ایڑھی

п'ята

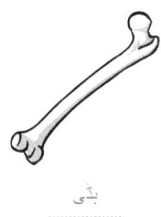

ہڈی

кістка

کولہا

стегно

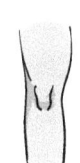

گھتنا

коліно

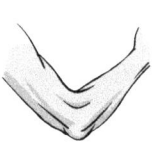

کہنی

лікоть

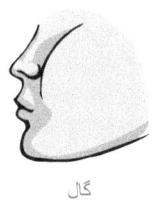

ناک

ніс

مصہ الجن

сідниці

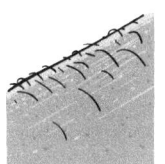

جلد

шкіра

گال

щока

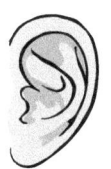

کان

вухо

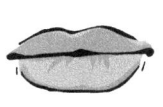

بونٹ

губа

مُنہ

рот

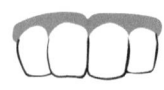

دانت

зуб

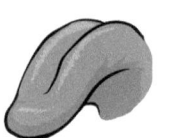

زبان

язик

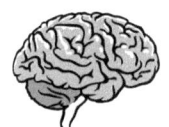

دماغ

мозок

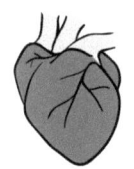

دل

серце

پٹھہ

м'яз

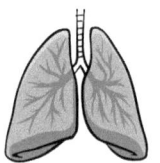

پھیپھڑا

легені

جگر

печінка

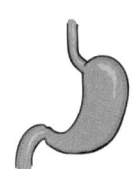

معدہ

шлунок

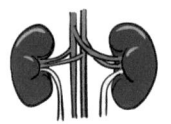

گردے

нирки

جنس

статевий акт

كنڈوم

презерватив

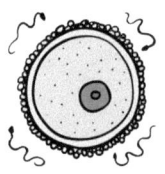

بیضہ

яйцеклітина

مادہ منویہ

сперма

حمل

вагітність

جسم - тіло

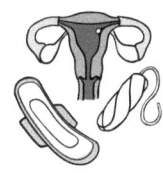

حيض

менструація

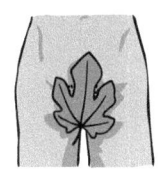

اندام نهانى

вагіна

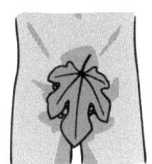

عضو تناسلى

пеніс

بهنوىس

брова

بال

волосся

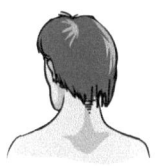

گردن

шия

# ہسپتال
# лікарня

ہسپتال
лікарня
ایمبولینس
машина швидкої допомоги
وہیل چیئر
інвалідний візок
ہڈی ٹوٹنا
перелом

ڈاکٹر

лікар

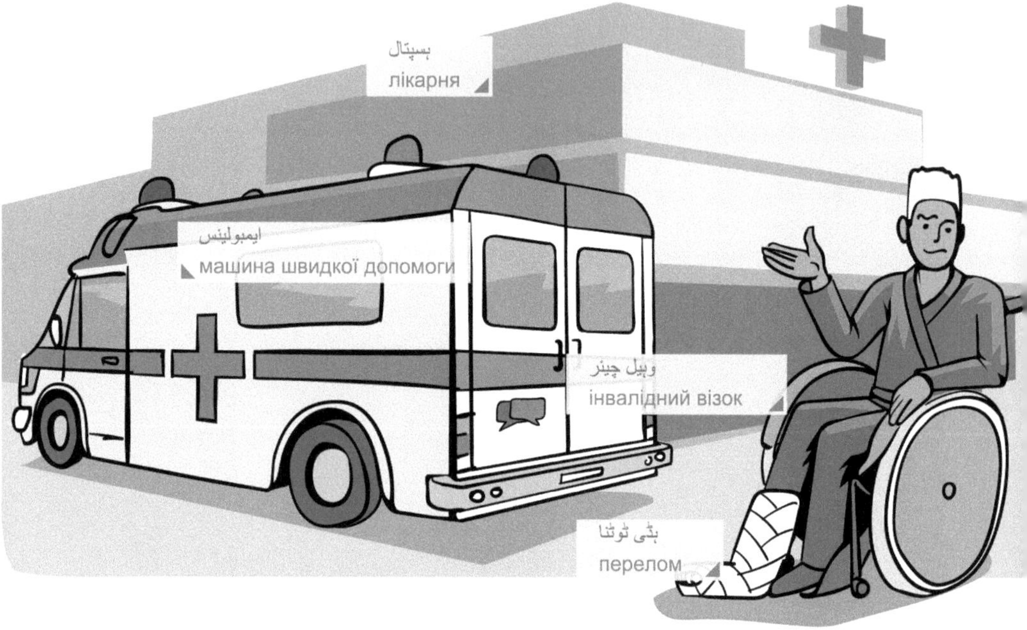

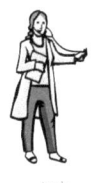

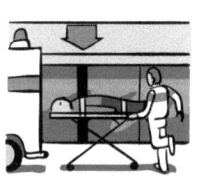

ہنگامی کمرہ

відділення швидкої медичної допомоги

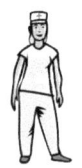

نرس

медсестра

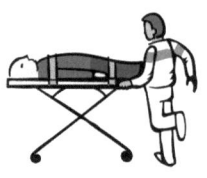

ہنگامی صورتحال

аварійний випадок

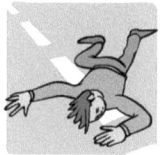

بےہوش

непритомний

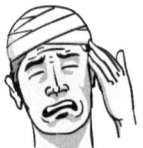

درد

біль

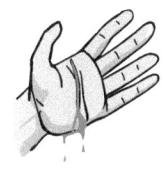

زخم

травма

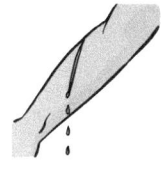

خون بہنا

кровотеча

دل کا دورہ

інфаркт

فالج

інсульт

الرجی

алергія

کھانسی

кашель

بخار

лихоманка

زکام

грип

اسہال

пронос

سردرد

головна біль

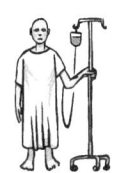

کینسر

рак

ڈیابیٹس

діабет

سرجن

хірург

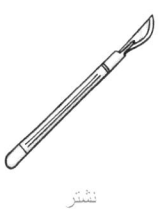

نشتر

скальпель

آپریشن

операція

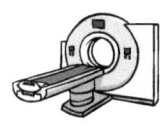

سی ٹی

КТ

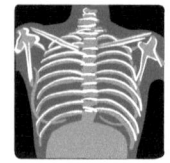

ایکس رے

рентген

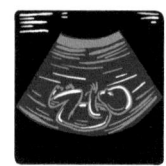

الٹراساؤنڈ

ультразвук

چہرے کا نقاب

маска

بیماری

хвороба

انتظارگاہ

зал очікування

بیساکھی

милиця

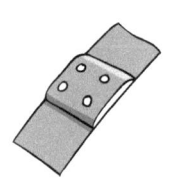

پلاسٹر

пластир

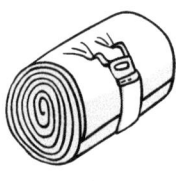

پٹی

пов'язка

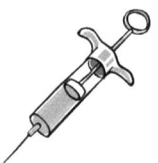

انجکشن

ін'єкція

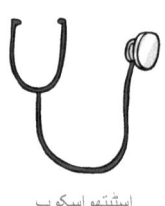

اسٹیتھواسکوپ

стетоскоп

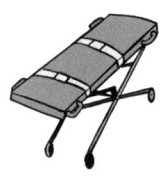

اسٹریچر

ноші

مطبی تھرما میٹر

термометр

پیدائش

народження

حد سے زیادہ وزن

надмірна вага

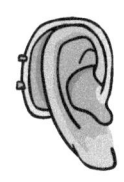

الہ سماعت

слуховий апарат

جراثیم کش

дезінфікуючий засіб

انفیکشن

інфекція

وائرس

вірус

ایچ آئی وی / ایڈز

ВІЛ / СНІД

دوا

медицина

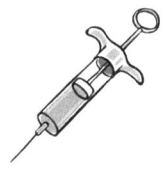

ویکسی نیشن

вакцинація

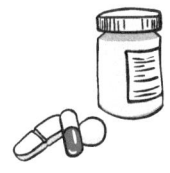

گولیاں

таблетки

گولی

протизаплідна пігулка

ہنگامی کال

екстрений виклик

بلڈ پریشر سانیٹر

тонометр

بیمار / صحتمند

хворий / здоровий

الارم

сигнал тривоги

مُجرمانہ حملہ

напад

مدد!

Допоможіть!

حملہ

атака

خطرہ

небезпека

بنگامی راستہ

аварійний вихід

آگ بُجھانے والہ آلہ

вогнегасник

حادثہ

аварія

آگ!

Вогонь!

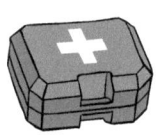

ابتدائی طبی امداد کی کٹ

аптечка

ایس اوایس

COC

پولیس

поліція

يورپ

Європа

شمالی امریکه

Північна Америка

جنوبی امریکه

Південна Америка

افریقه

Африка

ايشيا

Азія

أستُرليا

Австралія

بحراوقيانوس

Атлантика

بحرالكابل

Тихий океан

بحرهند

Індійський океан

بحرقطب جنوبی

Антарктичний океан

بحرقطب شمالی

Північний Льодовитий океан

قطب شمالی

Північний полюс

قُطب جنوبی

Південний полюс

انٹارکٹیکا

Антарктика

زمین

Земля

زمین

суша

سمندر

море

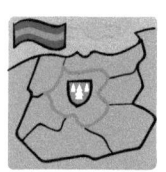

جزیرہ

острів

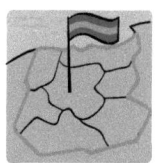

قوم

нація

ریاست

держава

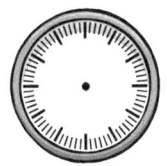

كلاک کا سامنےکا حصہ

циферблат

گھنٹوں والی سوئی

годинникова стрілка

منٹوں والی سوئی

хвилинна стрілка

سیکنڈ بینڈ

секундна стрілка

کیا وقت ہوا ہے؟

Котра година?

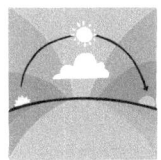

دن

день

وقت

час

اب

зараз

10:25

ڈیجیٹل گھڑی

цифровий годинник

منٹ

хвилина

گھنٹہ

година

# هفته

## тиждень

سوموار
Понеділок

بدھوار
Середа

جمعہ
П'ятниця

منگلوار
Вівторок

بفتہ
Субота

جمعرات
Четвер

اتوار
Неділя

گزرا کل
вчора

آج
сьогодні

کل
завтра

صبح
ранок

دوپہر
опівдні

شام
вечір

کاروباری دن
робочі дні

ہفتے کا اختتام
кінець робочого тижня

80        هفته - тиждень

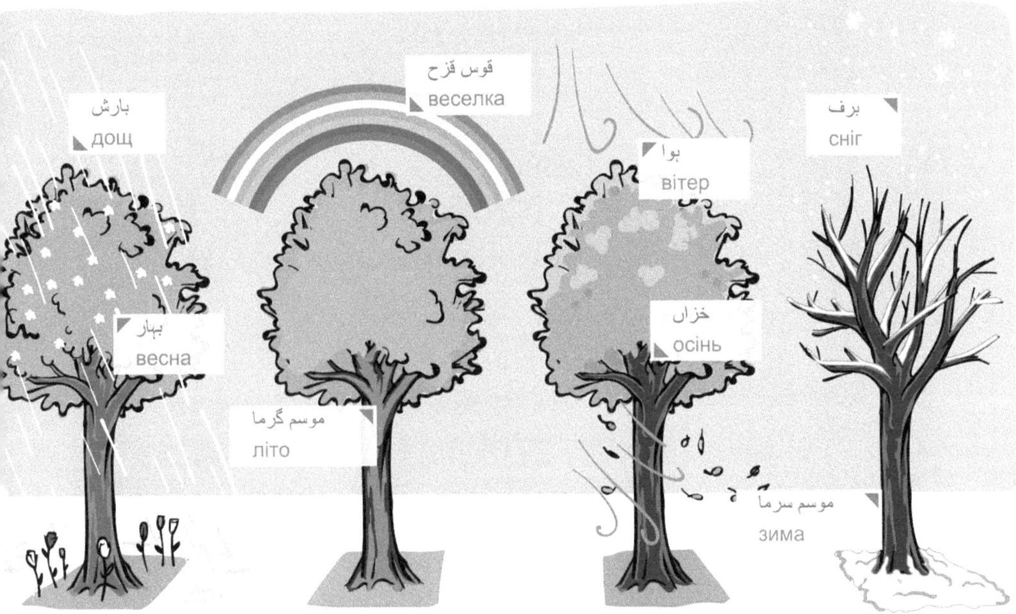

بارش
дощ

قوس قزح
веселка

بوا
вітер

برف
сніг

بهار
весна

موسم گرما
літо

خزاں
осінь

موسم سرما
зима

| | |
|---|---|
| 4.APRIL | 11° ☀ |
| 5.APRIL | 4° ☂ |
| 6.APRIL | 13° ☁ |
| 7.APRIL | 8° ❄ |
| 8.APRIL | 10° ☀ |

موسمی پیش گونی

прогноз погоди

تهرما میتّر

термометр

دهوپ

сонячне світло

بادل

хмара

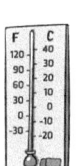

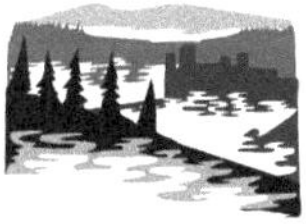

دُھند

туман

حبس

вологість повітря

بجلی کوندھنا

блискавка

بادلوں کی گرج

грім

طوفان

шторм

ژالہ باری

град

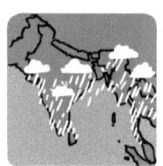

مون سون

мусон

سیلاب

повінь

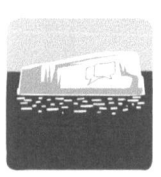

برف

лід

جنوری

Січень

فروری

Лютий

مارچ

Березень

اپریل

Квітень

منی

Травень

جون

Червень

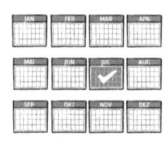

جولائی

Липень

اگست

Серпень

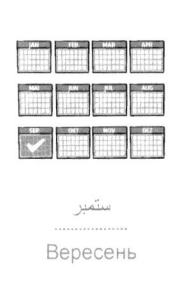

ستمبر
..................
Вересень

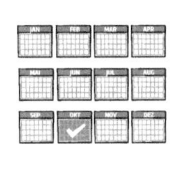

اكتوبر
..................
Жовтень

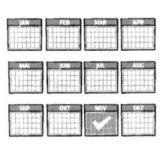

نومبر
..................
Листопад

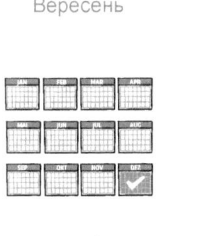

دسمبر
..................
Грудень

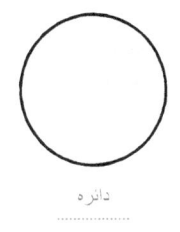

دائره
..................
круг

چوکور
..................
квадрат

مُستطیل
..................
прямокутник

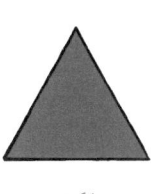

تكون
..................
трикутник

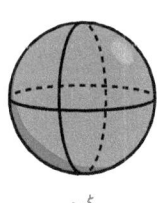

گره
..................
куля

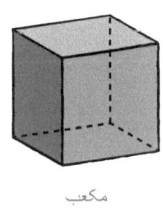

مكعب
..................
куб

سفید

білий

پیلا

жовтий

نارنجی

помаранчевий

گلابی

рожевий

سُرخ

червоний

جامنی

фіолетовий

نیلا

синій

سبز

зелений

بھورا

коричневий

متیالا

сірий

سیاہ

чорний

# протилежності

بہت زیادہ / بہت کم

багато / мало

ناراض / پُرسکون

лютий / мирний

خوبصورت / بدصورت

гарний / бридкий

آغاز / اختتام

початок / кінець

بڑا / چھوٹا

великий / малий

روشن / اندھیرا

світлий / темний

بھائی / بہن

брат / сестра

صاف / گندا

чистий / брудний

مکمل / نامکمل

завершений / незавершений

دن / رات

день / ніч

زندہ / مُردہ

мертвий / живий

چوڑا / تنگ

широкий / вузький

کھانے کے قابل ہونا / کھانے کے قابل نہ
ہونا
........................
їстівний / неїстівний

بُرا / اچھا
........................
злий / дружній

پُرجوش / بوریت کا شکار
........................
збуджений / нудьгуючий

موٹا / دُبلا
........................
товстий / тонкий

پہلا / آخری
........................
спочатку / востаннє

دوست / دُشمن
........................
друг / ворог

بھرا ہوا / خالی
........................
повний / порожній

سخت / نرم
........................
жорсткий / м'який

بوجھل / ہلکا
........................
важкий / легкий

بھوک / پیاس
........................
голод / спрага

بیمار / صحتمند
........................
хворий / здоровий

غیرقانونی / قانونی
........................
незаконний / законний

عقلمند / بیوقوف
........................
розумний / дурний

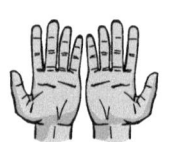

بائیں / دائیں
........................
вліво / вправо

نزدیک / دور
........................
поруч / далеко

مخالف - протилежності

نیا / پُرانا

новий / використаний

کچھ نہیں / کچھ ہے

нічого / щось

بوڑھا / نوجوان

старий / молодий

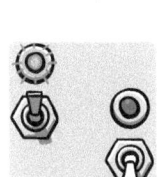

آن / آف

вкл / викл

کھلا / بند

відкрито / закрито

خاموش / بُلند آواز

тихо / гучно

امیر / غریب

багатий / бідний

ٹھیک / غلط

правильно / неправильно

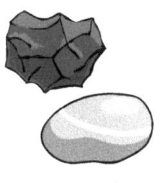

کھُردرا / ہموار

шорсткий / гладкий

افسردہ / خوش

сумний / щасливий

مُختصر / طویل

короткий / довгий

آہستہ / تیز

повільно / швидко

گیلا / خُشک

вологий / сухий

گرم / ٹھنڈا

гарячий / холодний

جنگ / امن

війна / мир

# числа

## 0
صفر
нуль

## 1
ایک
один

## 2
دو
два

## 3
تین
три

## 4
چار
чотири

## 5
پانچ
п'ять

## 6
چھ
шість

## 7
سات
сім

## 8
آٹھ
вісім

## 9
نو
дев'ять

## 10
دس
десять

## 11
گیارہ
одинадцять

## 12
باره
دوازده — дванадцять

## 13
تېره
тринадцять

## 14
چوده
چهارده — чотирнадцять

## 15
پنځره
п'ятнадцять

## 16
شپاړه
шістнадцять

## 17
اوه‌لس
سترسه — сімнадцять

## 18
اتياره
вісімнадцять

## 19
نولس
أنيس — дев'ятнадцять

## 20
شل
بيس — двадцять

## 100
سل
сто

## 1.000
زر
بزار — тисяча

## 1.000.000
يو ميليون
لس لاکه — мільйон

انگریزی

англійська

امریکی انگریزی

американська англійська

چینی مینڈارین

китайська
високочиновницька

ہندی

хінді

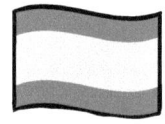

ہسپانوی

іспанська

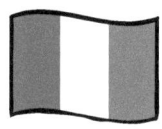

فرانسیسی

французька

عربی

арабська

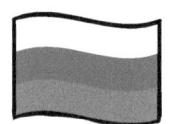

روسی

російська

پُرتگالی

португальська

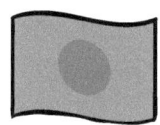

بنگالی

бенгальська

جرمن

німецька

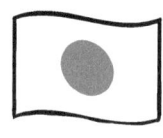

جاپانی

японська

میں

я

تم

ти

وہ (لڑکا) / وہ (لڑکی) / یہ

він / вона / воно

ہم

ми

تم

ви

وہ

вони

کون؟

хто?

کیا؟

що?

کیسے؟

як?

کہاں؟

де?

کب؟

коли?

نام

ім'я

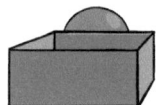

پیچھے

ззаду

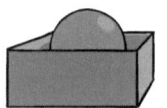

میں

в

کےسامنے

перед

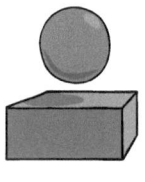

اوپر

над

پر

на

نیچے

під

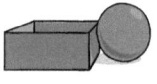

ساتھ

біля

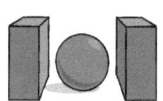

درمیان

між

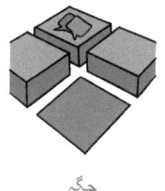

جگہ

місце